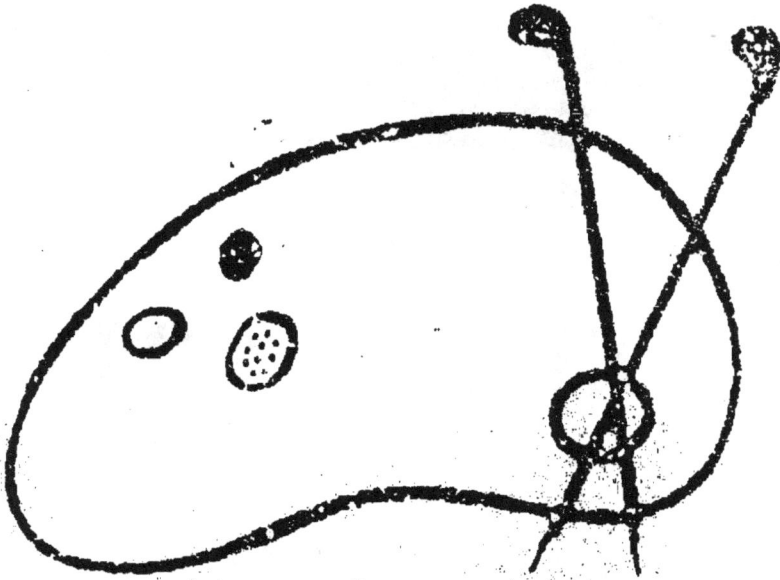

Couvertures supérieure et inférieure
en couleur

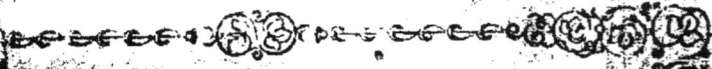

DES ÉCOLES CHRÉTIENNES

LES

DEUX MARIE

OU

LES ÉTRENNES

PAR

STÉPHANIE ORY

TOURS

MAME ET Cⁱᵉ, IMPRIMEURS-LIBRAIRES

BIBLIOTHÈQUE DES ÉCOLES CHRÉTIENNES

Animaux remarquables (les), par C. G.

Armande, par Mᵐᵉ la Cˢˢᵉ de la Rochère.

Auguste et Paul, ou la Gourmandise punie, par Stéphanie Ory.

Berthilde, par Mᵐᵉ la Cˢˢᵉ de la Rochère.

Bonne Tante (la), par M. E.

Deux Marie (les), ou les Étrennes, par Stéphanie Ory.

Dix Contes pour l'Enfance, par Mᵐᵉ C. G.

Doigt de Dieu (le), par Ch. M.

Édouard et Henri.

Famille Bellefond (la), par Mᵐᵉ Fanny de Mouzay.

Honnête Ouvrier (l'), par Mᵐᵉ la Cˢˢᵉ de la Rochère.

Hortense, ou Grandeur et Infortune, par Stéphanie Ory.

Jeune Meunière (la), par Mᵐᵉ Camille Lebrun.

Laurent le Paresseux, par M. E.

Leçon de Charité (la), par Mᵐᵉ Fanny de Mouzay.

Leçons pour les Enfants, par Miss Barbault.

Lectures pour l'Enfance, par Mᵐᵉ Fanny de Mouzay.

Mémoires d'une Grand'Mère (les), par Mᵐᵉ la Vˢˢᵉ de Saint-P**.

Norbert, ou le Danger des mauvaises plaisanteries, par Stéphanie Ory.

Petit Matelot (le), par Mᵐᵉ Césarie Farrenc.

Récits du vieux Soldat (les), dédiés à l'enfance.

Soirées instructives et amusantes, par Mᵐᵉ de ***.

Tante Ursule (la), par Mᵐᵉ la Vˢˢᵉ de Saint-P**.

Voyage en Californie, par H. de Chavannes.

BIBLIOTHÈQUE

DE LA

JEUNESSE CHRÉTIENNE

APPROUVÉE

PAR MGR L'ARCHEVÊQUE DE TOURS

—

2e SÉRIE IN-18

Les Deux Marie.   1

LES
DEUX MARIE

OU

LES ÉTRENNES

PAR

STÉPHANIE ORY

—

NOUVELLE ÉDITION

TOURS

ALFRED MAME ET FILS, ÉDITEURS

—

1878

LES
DEUX MARIE

———◆———

I

L'ÉLÈVE ET SA GOUVERNANTE

Dans les derniers jours de décembre 18..., la petite Marie de Monclair était fort intriguée de savoir ce qu'elle aurait pour ses étrennes au 1ᵉʳ janvier suivant.

« Tâchez donc, dit-elle un jour à Mˡˡᵉ Dornoy, sa gouvernante, de savoir ce que maman veut me donner.

— Je n'aurai pas l'indiscrétion de le lui demander, répondit Mlle Dornoy, et Madame sans doute se garderait bien de me le dire, surtout si elle se doutait que c'est pour vous le répéter, parce qu'elle pense avec raison que ce serait vous ôter le plaisir de la surprise, et c'est précisément ce plaisir-là qui donne le plus de prix à ces sortes de cadeaux.

— C'est bien ennuyeux cependant, reprit Marie avec un petit air maussade : car enfin, ma bonne amie, si maman allait me donner des choses qui ne seraient pas de mon goût et qui ne me plairaient pas, il n'y aurait pas de surprise qui pût me les faire trouver belles et agréables.

— Ce que vous dites là, Mademoiselle, n'est pas raisonnable, et je suis fort étonnée de vous entendre parler ainsi. Vous savez combien madame votre mère vous aime ; vous savez qu'elle connaît vos goûts et tout ce qui peut vous convenir, mieux peut-être que vous ne les connaissez vous-même : comment donc pouvez-vous supposer qu'elle fasse un choix qui doive vous déplaire ?

— Mon Dieu, ma bonne amie, je me suis sans doute mal exprimée : je voulais dire seulement que, dans ce qu'elle m'achètera, il n'y aura peut-être pas certaine chose dont j'ai grande envie depuis bien longtemps, et cela parce qu'elle ne s'en doute pas ; et c'était pour savoir si cet objet s'y trouvait que j'aurais désiré connaître à peu près de quoi se composeront mes étrennes.

— Et quel est donc cet objet extraordinaire qui vous fait tant envie ?

— Vous allez rire, ma bonne amie : eh bien, c'est tout simplement une poupée.

— Une poupée ! Mais vous en avez déjà au moins une douzaine, et de toutes les façons : poupées à ressorts, poupées de porcelaine, poupées en caoutchouc, poupées de Hollande et de Nuremberg, bébés de toute espèce, que sais-je ? Je ne vois guère ce que madame votre mère pourrait vous donner de plus en ce genre, et il est probable qu'elle n'y pense pas, parce qu'elle est loin de supposer que vous ayez encore à former un désir de cette nature.

—Vous voyez donc bien que j'avais raison de dire que maman ne se douterait pas de ce qui me ferait un si grand plaisir. Oh! si vous étiez assez bonne, ma bien chère amie, pour lui en dire deux mots, par forme de conversation, et comme si cela venait de vous et non pas de moi !

— Je le veux bien, puisque cela peut vous faire plaisir; mais j'ai bien peur que Mme de Monclair ne me rie au nez en entendant parler d'ajouter encore une poupée à toutes celles que vous avez déjà.

— Oh! mais c'est qu'il y a poupée et poupée ; or celle dont j'ai envie ne ressemble en rien aux autres, et je n'en connais que deux ou trois dans Paris: au passage Vivienne, au passage Jouffroy et chez Alphonse

Giroux. Vous vous rappelez, ma bonne amie, ces belles poupées que nous avons tant admirées dans une de nos dernières promenades, et que je disais que j'aurais tant aimées si elles n'avaient pas coûté si cher ?

— Je m'en souviens parfaitement, ainsi que de l'observation fort raisonnable que vous avez faite alors sur le prix exorbitant, qui s'élevait, je crois, à quatre à cinq cents francs : et c'est ce jouet, que vous trouviez trop cher, qui vous fait envie aujourd'hui ?

—Il m'a toujours fait envie, seulement il était trop cher pour ma bourse ; mais il ne l'est pas trop pour celle de maman, et je suis persuadée que, si elle se doutait que cela me fait plaisir, elle s'empresserait de me l'acheter pour mes étrennes ; mais elle le saura, puisque vous venez de me promettre de lui en parler.

— Je vous l'ai promis, et je tiendrai ma parole ; mais auparavant, permettez-moi de vous faire quelques observations. D'abord, avez-vous bien réfléchi à ce que vous désirez? Ne serait-ce pas un caprice passager, qui vous donnerait ensuite des regrets ?

— Un caprice passager ! oh ! bien sûr que non ! Figurez-vous que depuis trois semaines que nous avons fait cette promenade et visité une foule de magasins et de bazars, je ne pense, toute la journée, qu'à cette belle poupée qui dit *papa* et *maman* ; j'en rêve la nuit, et c'est elle qui est cause des distractions que vous me reprochez depuis quelque temps dans mes analyses grammaticales et dans mes leçons de géographie.

—Ah! ceci devient sérieux, reprit en souriant la gouvernante; ainsi, si l'on vous donne cette fameuse poupée parlante, vous allez redoubler d'application dans vos études ; je n'aurai plus à me plaindre des négligences que vous apportez trop souvent dans vos devoirs écrits, du peu d'attention que vous donnez parfois à mes leçons, et nous pourrons compter désormais sur de rapides progrès dans vos études ?

— Certainement, ce sera pour moi le plus puissant de tous les encouragements.

—Je m'en doutais, et voilà où

nous en voulions venir, » dit à demi-voix Mlle Dornoy, et comme en se parlant à elle-même. Puis, s'adressant de nouveau à son élève, elle ajouta d'un ton plus sérieux : « Écoutez, ma chère enfant, une dernière observation que j'ai à vous adresser avant de faire votre commission auprès de madame votre mère. Vous n'êtes plus tout à fait une enfant, Marie ; vous avez douze ans, et vous vous préparerez bientôt à faire votre première communion. Je ne veux pas dire pour cela que vous soyez déjà arrivée à l'age de renoncer entièrement aux amusements de l'enfance ; je désire, au contraire, vous voir encore longtemps faire de vos poupées une de vos principales distractions ; mais vous devez être assez raisonnable pour comprendre que ce goût doit avoir des bornes, et surtout ne pas devenir trop dispendieux. Je sais que madame votre mère est riche, qu'elle peut satisfaire tous vos caprices, et qu'elle n'est que trop souvent disposée à le faire ; cependant croyez-vous qu'elle ne trouvera pas qu'il serait mieux d'employer cette somme à vous acheter quelque chose de plus utile qu'un jouet, dont vous vous amuserez pendant huit jours au plus, et que vous jetterez ensuite au rebut ? Mais, en supposant que Mme de Monclair ne fasse aucune objection, je vous le demande à vous-même, à vous, mon enfant, dont je connais le bon cœur, à vous qui m'avez souvent répété que vous voudriez être assez riche pour qu'il n'y eût plus de pauvres ; pensez-vous qu'une somme aussi considérable ne serait pas plus avantageusement employée au soulagement de quelques misères (et il y en a tant dans cette saison), qu'à l'acquisition d'unepoupée, fût-elle une des sept merveilles du monde ? »

Ces paroles, prononcées d'un air grave et pénétré, parurent faire impression sur Marie ; sa jolie figure, tout à l'heure si animée, devint calme et sérieuse ; ses beaux yeux bleus si brillants se voilèrent sous leurs longues paupières, et pendant quelques instants elle resta plongée dans une profonde réflexion. Marie, comme l'avait dit sa gouvernante, avait un cœur excellent ; mais elle était capricieuse comme tous les enfants gâtés, et quand elle s'était mis une idée en tête, il était difficile de l'en faire sortir; la contradiction, les difficultés même semblaient l'y enfoncer davantage.

Après quelques minutes de silence, elle releva la tête, comme une personne qui a trouvé une réponse satisfaisante à une question embarrassante. « Oh! oui, certainement, dit-elle, je voudrais être assez riche pour soulager toutes les misères; mais enfin, je ne puis le faire que dans la proportion de ce que je possède, et vous savez, bonne amie, que j'emploie en aumônes une bonne partie de l'argent que maman me donne pour mes menus plaisirs. De son côté, maman fait aussi de grandes charités aux pauvres; il n'y a pas

une œuvre de bienfaisance à laquelle
elle ne souscrive ; M. le curé de la
paroisse et les dames de charité
trouvent toujours sa bourse ouverte
quand il s'agit de secourir les mal-
heureux ; ne peut-elle pas, après cela,
réserver quelque chose de ce super-
flu, dont elle fait d'ailleurs un si bon
usage, pour donner à sa fille quelque
chose qui lui soit agréable ?

— Il était inutile, mon enfant, répondit Mlle Dornoy, de me rappeler
vos actes de bienfaisance et surtout
ceux de madame votre mère ; personne ne les connaît mieux que moi,
malgré le soin que prend celle-ci de les
cacher, car elle suit scrupuleusement
ce précepte de l'Évangile, que la
main gauche doit ignorer ce que
donne la main droite. » Ici Marie fit

une petite moue, presque imperceptible, qui faisait voir qu'elle comprenait la leçon. Mlle Dornoy n'eut pas l'air d'y faire attention, et continua :

« Aussi je me garderai bien, si toutefois elle consent à faire cette emplète, de rien dire à Mme de Monclair qui ait l'air de l'engager à donner une autre destination à l'argent nécessaire pour l'achat de la poupée objet de vos désirs. Elle sait mieux que moi ce qu'elle doit faire à cet égard, et il ne m'appartient pas de la conseiller, moins encore de la blâmer. C'était à vous seulement que je m'adressais, à vous, mon enfant, sur qui je suis chargée de veiller ; à vous, que je n'ai pas seulement pour mission d'instruire, mais encore de diriger vers ce qui est bien, ce qui est convenable, ce qui est raisonnnble, et je vous demandais si, en interrogeant votre cœur et votre raison, vous ne trouveriez pas à faire de cette somme un usage meilleur, plus convenable et plus raisonnable que celui auquel vous le destinez, c'est-à-dire que de la dépenser en pure perte, en achetant un objet qui n'aura bientôt plus de valeur à vos yeux, et ne pourra être d'aucune utilité pour personne. »

Qui veut trop prouver, dit-on, bien souvent ne prouve rien. Tant que Mlle Dornoy s'était adressée au cœur de son élève, elle l'avait trouvée attentive, émue, et peut-être, si elle eût continué sur ce ton, aurait-elle fini par ébranler sa résolution; mais, quand elle voulut parler à sa raison, et lui montrer que son argent serait dépensé en pure perte, son petit amour-propre se révolta, et sut trouver un argument au moins spécieux pour répondre à cette partie des observations de sa gouvernante.

Aussi reprit-elle un petit ton d'asrance pour répondre à Mlle Dornoy :

« Ah ! bonne amie, quand vous dites que cet argent serait dépensé en pure perte, et ne profiterait à personne, je crois que vous êtes dans l'erreur ; je vous répondrai ce que j'ai entendu maman dire un jour à une dame de ses amies qui précisément lui reprochait de faire pour moi de folles dépenses en joujoux de toute espèce, et qui prétendait que cet argent eût pu être employé plus utilement. — Madame, lui répondit ma mère, il y a dans Paris au moins dix mille ouvriers qui n'ont pas d'autre profession que la fabrication des jouets d'enfants ; dans ce nombre sont des pères de famille, qui attendent après le produit de leur travail pour donner du pain à leurs enfants ; il y a une foule de femmes et de jeunes filles qui gagnent leur vie à confectionner des habillements de poupées et de pantins ; enfin il y a plusieurs centaines de marchands, depuis Alphonse Giroux, jusqu'à la marchande de ballons et de cerceaux des Tuileries et celle du Luxembourg, qui n'ont pas d'autre commerce que celui des jouets d'enfants. Que deviendraient, je vous le demande, tous ces ouvriers et ces marchands, le jour où les riches cesseraient d'acheter des jouets pour leurs enfants, sous prétexte que cet argent peut être plus utilement employé? Cet argent n'est donc pas perdu ; car il profite à de pauvres ouvriers qui fabriquent ces joujoux, aux ouvrières qui habillent ces poupées et aux marchands qui les vendent. »

Au moment où Marie achevait de parler, Mlle Justine, la femme de chambre, entra, annonçant que le déjeuner était servi et que Madame attendait sa fille, à qui elle avait quelque chose de très-important à communiquer. Cette nouvelle rompit l'entretien, et dispensa Mlle Dornoy de répondre à l'argumentation de son élève, ce qui, pour le moment, l'aurait peut-être un peu embarrassée.

II

LA LETTRE DE L'ONCLE

Mlle Dornoy et Marie se rendirent
en toute hâte à la salle à manger, où
les attendait Mme de Monclair. Marie,
après avoir tendrement embrassé sa
mère, sourit en la regardant d'un œil
interrogateur, mais sans lui parler.

« Je te comprends, dit Mme de
Monclair : tu es impatiente de savoir
ce que j'ai à te communiquer ?

— Oh ! oui, ma chère petite

maman, je vous en prie, ne me faites pas languir, reprit Marie d'un ton suppliant, et en joignant ses petites mains.

— Eh bien, ma fille, c'est une lettre de mon frère, ton oncle et ton parrain, qui m'écrit pour m'annoncer son arrivée...

— Ah! tant mieux, interrompit la petite fille ; il ne manquera pas de m'apporter des étrennes.

— Pourquoi ne me laisses-tu pas achever? Ce n'est pas honnête d'interrompre ainsi les personnes qui parlent, et surtout sa mère... Je disais donc qu'il m'annonce son arrivée à Paris pour la fin de janvier ou les premiers jours de février. » Ici Mme de Monclair fit une pause, comme si elle n'avait plus rien à dire.

« Quel dommage! s'écria Marie, en voyant sa mère continuer à garder le silence; le moment des étrennes sera passé, et il m'aura peut-être oubliée.

— Tu es injuste envers ton oncle, qui t'aime tant; non, il ne t'a pas oubliée, et il m'envoie tes étrennes dans cette lettre.

— Dans cette lettre ! Oh ! pourquoi ne me l'avez-vous pas dit tout de suite? Montrez-les-moi, ma petite mère, je vous en prie.

— C'était pour te punir de ton interruption de tout à l'heure; quant à te les montrer, je vais te lire sa lettre, et tu sauras en quoi elles consistent. Il faut avouer, dit-elle en dépliant la lettre, que ton oncle a eu une singulière idée, et j'ai hésité un instant à entrer dans ses vues. Cependant, après y avoir bien réfléchi, je me suis décidée à faire ce qu'il désire. — Veuillez, Mademoiselle, ajouta-t-elle en s'adressant à Mlle Dornoy, écouter aussi la lecture de cette lettre; car mon frère vous charge d'une mission assez délicate. » Ces observations terminées, elle lut ce qui suit :

« Si j'étais arrivé à Paris avant le
« premier de l'an, comme je l'avais
« espéré, je me serais fait une fête
« de conduire moi-même ma chère
« Marie dans les plus beaux maga-
« sins, et de lui faire choisir les
« objets que je lui aurais offerts en
« étrennes. J'aurais pu ainsi juger
« de son goût, et ne lui donner que
« des choses qui lui eussent été

« agréables. Mais, puisque mes af-
« faires me retiennent encore ici
« pour un mois au moins, je ne
« veux pas priver ma bonne petite
« nièce de ses étrennes, ni la faire
« attendre si longtemps pour les re-
« cevoir. Je désire que les choses se
« passent comme si j'eusse été pré-
« sent, c'est-à-dire que Marie fasse
« elle-même le choix de tout ce qui
« lui conviendra, jusqu'à concur-
« rence d'une somme de cinq cents
« francs, que j'envoie dans cette
« lettre pour payer ces dépenses.

« Comme la santé de ma sœur ne
« lui permet pas d'accompagner sa
« fille dans ses courses et d'assister
« à ses emplettes, elle sera rempla-
« cée par Mlle Dornoy, *qui n'aura*
« *d'autre mission que de payer les*

« objets achetés, mais qui s'inter-
« dira tout conseil, toute observa-
« tion, relativement au choix de ces
« mêmes objets.

« Je désire aussi que ma chère
« sœur observe scrupuleusement la
« même réserve, mon intention bien
« formelle étant que ma filleule
« puisse disposer à sa guise de la
« somme destinée à ses étrennes,
« sans être en rien dirigée par une
« influence étrangère.

« Voici maintenant la condition
« que j'impose à Marie, et à l'exé-
« cution de laquelle voudront bien
« veiller sa mère et sa gouvernante :
« — Elle ne fera ses emplettes que
« le troisième jour, au plus tôt,
« après la réception de ma lettre.
« Jusque-là elle pourra visiter les

« magasins, voir, examiner, réflé-
« chir, mais ne rien arrêter d'une
« manière définitive. — Ainsi, vous
« recevrez ma lettre dans la mati-
« née du 27; ce ne sera que le 30
« au plus tôt que Marie pourra faire
« ses achats; elle aura une partie
« de la journée du 27, tout le 28
« et le 29 pour les préparer. »

Quand Mᵐᵉ de Monclair eut achevé
sa lecture, Marie, transportée de
joie, s'écria en frappant des mains :
« Ah! quel bonheur! Cela se trouve
à merveille, n'est-ce pas, bonne
amie? Mon oncle n'avait pas besoin
de me donner trois jours pour réfléchir; mon choix est fait d'avance,
vous savez?

— Comment! dit Mᵐᵉ de Monclair, tu avais déjà fait un choix d'une valeur de cinq cents francs ! Explique-moi cela.

— Parlez, bonne amie, vous pouvez maintenant tout dire à maman. »

Mlle Dornoy raconta alors la conversation qu'elle avait eue avec son élève quelques instants auparavant.

Quand elle eut fini, Mme de Monclair dit à sa fille : « Je t'avoue, mon enfant, qu'il ne me serait jamais venu à l'idée de t'acheter la poupée que tu souhaites avec tant d'ardeur; et quand même bonne amie m'aurait fait part de ton désir, je doute que je me fusse décidée à le satisfaire. Mais maintenant la lettre de ton oncle te rend parfaitement libre, et puisque cela te fait tant de plaisir, tu peux te contenter quand tu voudras.

— Eh! non, pas quand je voudrai, puisqu'il faut encore attendre trois jours! Quelle idée a eue mon oncle de m'imposer cette condition-là? j'aurais été si heureuse d'avoir ma belle poupée aujourd'hui!

— Je te conseille de te plaindre; sans lui tu courais grand risque de ne l'avoir pas du tout.

— C'est pourtant vrai; car vous avez dit tout à l'heure que vous ne vous seriez peut-être pas décidée à me l'acheter, quand même bonne amie vous aurait dit combien j'en avais envie. Et pourquoi donc, ma bonne petite mère, auriez-vous voulu priver votre petite fille chérie d'une chose qui lui fait tant de plaisir?

— Je ne saurais répondre à ta demande sans entrer dans des observations qui me sont défendues par la lettre de ton oncle. Or je tiens à suivre exactement tout ce qu'elle prescrit ; et pour commencer, maintenant que tu as déjeuné, Mlle Justine va t'habiller ; pendant ce temps-là, on mettra les chevaux à la voiture, et tu iras, avec bonne amie, commencer tes courses dans les magasins.

— Ah ! quel bonheur ! quel bonheur ! j'irai voir ma belle poupée ! » Et elle sortit précipitamment, suivie de la femme de chambre.

III

LE COMMENTAIRE DE LA LETTRE
DE L'ONCLE

Quand Mme de Monclair se trouva seule avec Mlle Dornoy, elle lui dit : « Comment trouvez-vous l'idée de mon frère ?

— Je vous avoue, Madame, que je la trouve assez extraordinaire.

— Dites donc qu'elle est originale, ou plutôt bizarre et presque ridicule. Ma première pensée a été de lui renvoyer son billet de banque, et de lui dire que je n'acceptais pas de cadeaux

pour ma fille à de pareilles conditions;
que je ne voulais pas accoutumer cette
enfant à se passer des conseils et des
avis de sa mère ou de la personne
qui la remplace; que c'était l'exposer, dans un âge aussi tendre, à
commettre des fautes, des erreurs,
et à la rendre victime de son inexpé-
rience. Cependant, après mûre réflexion, je me suis décidée à ne pas
contrarier mon frère, qui est, comme
vous savez, passablement entêté, et
qui tient à ses idées avec une opiniâtreté toute bretonne. Il est le
plus proche parent de ma fille, il
est son tuteur et son parrain; je ne
saurais nier qu'à ces titres il n'ait
le droit d'exercer sur elle une certaine autorité; mais enfin cette autorité ne doit pas aller jusqu'à empié-

ter sur celle qui m'appartient comme mère, et je ne le souffrirai pas.

— Je crois, Madame, répondit Mlle Dornoy, que vous vous méprenez sur les intentions de M. de Kermelec, votre frère. Aux titres que vous venez d'énumérer il faut ajouter qu'il aime Marie comme sa fille, et qu'elle est son unique héritière; par tous ces motifs, il veut lui faire subir une épreuve qui, j'en conviens, ne pourra, quant à présent, lui fournir rien de décisif, mais qui n'en servira pas moins à lui donner des indices de ses goûts, de ses penchants, peut-être de défauts qu'il sera nécessaire de corriger, et de qualités qu'il faudra développer et encourager. Envisagée sous ce point de vue, l'idée de monsieur votre frère ne me paraît pas si singulière, et je crois que nous pouvons nous y prêter sans nuire aux intérêts de votre enfant ni à ceux de votre autorité maternelle.

— Vous avez parfaitement jugé les intentions de mon frère, reprit Mme de Monclair, et je vois avec plaisir que vous êtes toute disposée à entrer dans ses vues. J'avoue que je ne les avais pas comprises en lisant le commencement de sa lettre, et que c'est là ce qui m'avait mise d'abord de mauvaise humeur ; mais la seconde partie m'a fait réfléchir, et, sans être encore bien convaincue de l'utilité d'une pareille épreuve, je pense comme vous qu'il n'y a pas grand inconvénient à nous y prêter. Voici cette partie de sa lettre que je me serais bien gardée de communiquer à

Marie, mais qu'il est nécessaire de
vous faire connaître; car elle renferme des *instructions* qui vous
concernent, pour me servir de
l'expression de mon frère, qui s'i-
magine encore charger de quelque
mission particulière un des capi-
taines de marine sous ses ordres :

« Pour bien juger les goûts, le ca-
« ractère, les dispositions d'un en-
« fant, il faut parfois lui laisser une
« certaine liberté de mouvements,
« comme on lui laisse pour le déve-
« loppement de ses forces physiques
« la liberté de courir, de sauter, de
« gambader à son aise.

« Je crois avoir remarqué dans
« Marie un jugement sain, une rai-
« son précoce, de la fermeté de ca-
« ractère et d'heureuses dispositions

« pour quelques-uns de ces arts
« d'agrément qui doivent compléter
« l'éducation d'une jeune fille desti-
« née à occuper un certain rang dans
« le monde ; et par-dessus tout cela,
« j'ai reconnu en elle un cœur excel-
« lent, prêt à s'ouvrir à tous les bons
« et nobles sentiments. Mais jusqu'ici
« toutes ces qualités sont restées en
« quelque sorte enveloppées dans les
« langes de la première enfance ; elle
« n'a eu d'autres amusements que
« les poupées et les jouets de cet âge,
« ce dont je suis loin, ma sœur, de
« vous faire un reproche. Seulement,
« tout en conservant encore pen-
« dant un certain temps ces habi-
« tudes de petites filles, je voudrais
« qu'elle commençât à prendre goût
« à des délassements moins frivoles.

« Je désirerais que cette transition se
« fît en quelque sorte d'elle-même,
« et sans impulsion étrangère, afin
« de pouvoir étudier plus sûrement
« ses goûts et ses inclinations.

« J'ai pensé que les étrennes pou-
« vaient fournir une occasion favo-
« rable à l'exécution de ma pensée,
« et c'est pourquoi j'ai voulu aban-
« donner à sa libre disposition, dans
« cette circonstance, l'emploi de la
« somme que je vous envoie.

« Mais, en lui laissant cette liberté
« d'action, je n'entends pas vous
« enlever tout contrôle sur la ma-
« nière dont elle en usera ; ce serait
« comme si, quand vous lui laissez
« la liberté de courir dans un jardin
« ou dans les champs, on voulait
« vous empêcher de veiller à ce

« qu'elle ne tombât pas dans un
« fossé ou dans un précipice.

« Loin de moi une pareille idée.
« Seulement je désire que ce con-
« trôle s'exerce d'une manière pour
« ainsi dire inaperçue. J'ai voulu lui
« laisser trois jours de réflexion,
« afin que pendant ce temps-là elle
« puisse visiter les principaux ma-
« gasins de Paris et faire le choix de
« ce qui lui conviendra. C'est vous,
« bien entendu, de concert avec
« Mlle Dornoy, qui déterminerez
« ces magasins ; je laisse à la saga-
« cité de cette dernière le soin d'at-
« tirer l'attention de ma nièce sur
« les principaux objets qui pour-
« raient lui plaire, mais en s'inter-
« disant scrupuleusement, je ne dis
« pas de lui dicter un choix, mais

« même de montrer une préférence
« pour tel ou tel objet.

« Tout le succès de mon plan
« dépend de la manière dont mes
« intentions seront comprises et mes
« instructions exécutées. » (Vous
voyez, dit en s'interrompant Mme de
Monclair, *mes instructions*, le mot y
est.) « Je crois pouvoir à cet égard
« m'en rapporter entièrement à
« votre intelligence et à la pru-
« dence de Mlle Dornoy. »

— Merci ! s'écria Mme de Monclair
quand elle eut terminé cette lecture,
merci, encore une fois ! il est vraiment curieux, monsieur mon très-
cher frère, avec son beau plan ; malgré tout ce qu'il dit pour le justifier,
et malgré l'approbation que vous lui

donnez, je ne saurais m'empêcher de trouver fort singulier qu'un vieux marin, un vrai loup de mer, et qui a passé toute sa vie dans le célibat, à commander la manœuvre à des équipages, et à diriger des vaisseaux sur l'Océan, s'avise de vouloir diriger l'éducation d'une jeune fille ! Allons, puisqu'il le faut, passons-lui pour cette fois une fantaisie qui, je l'espère, grâce à votre prudente intervention, ne tirera pas à conséquence. Nous ne devons pas nous en tenir scrupuleusement à la lettre de mon frère; car Marie serait capable de mettre tout son argent à acheter quelque affreuse poupée comme celle dont elle parlait tout à l'heure. Il serait bon de lui faire comprendre l'importance d'une pareille somme, dont elle ne connaît pas la valeur, et de lui insinuer qu'elle devrait en consacrer une partie à donner aux pauvres leurs étrennes ; elle a bon cœur, comme dit mon frère, et je suis persuadée qu'elle accueillerait facilement cette idée.

— Madame, répliqua Mlle Dornoy, j'ai déjà eu avec Marie un entretien à ce sujet; mais savez-vous ce qu'elle m'a répondu? » Et Mlle Dornoy lui répéta ce que la petite fille lui avait dit relativement à l'avantage que retirerait une certaine classe de pauvres ouvriers de la vente des joujoux d'enfants.

« Cela est pourtant vrai, reprit Mme de Monclair, comme cherchant dans sa mémoire; j'ai dit cela devant elle à Mme de Francheville, qui pousse,

comme vous savez, l'économie jusqu'à l'avarice, et qui cependant veut
passer pour charitable. Je lui soute-
nais qu'il ne suffisait pas aux riches
de faire des aumônes ; qu'il fallait
encore encourager le travail, et faire
gagner les ouvriers en achetant les
produits de leur labeur. Marie était
occupée à jouer dans ma chambre
pendant la visite de Mme de Francheville, et j'étais loin de soupçonner
qu'elle fît attention à notre conversation. C'est pour moi un avertisse-
ment de prendre garde à ce qui se
dit devant elle, et à la manière dont
on le dit; car tout en défendant une
vérité incontestable, j'avoue que,
pour taquiner Mme de Francheville,
je suis allée un peu trop loin, et je l'ai
poussée jusqu'à l'exagération et au

paradoxe. Je vous prie, puisque vous n'avez pas eu le temps de répondre à Marie dans le moment, de me laisser ce soin. C'est moi qui ai commis la faute, c'est à moi de la réparer ; seulement cela va augmenter notre embarras, pour l'empêcher d'acheter cette ridicule poupée qui dit *papa* et *maman*, ou d'autres jouets de ce genre.

— Mais, Madame, vous oubliez qu'elle a trois jours pour fixer son choix, et il est probable que ses idées changeront d'ici là.

— Je ne le crois pas. Elle est passablement entêtée ; ce n'est pas pour rien qu'elle a aussi du sang breton dans les veines, et c'est ce que mon frère appelle de la fermeté dans le caractère.

—Mais remarquez, Madame, qu'en

effet l'entêtement n'est souvent que
la fermeté portée à l'excès, et qu'a-
vec un esprit droit, un jugement sain
et un bon cœur, on se corrige aisé-
ment de ce défaut, qui ne prend jamais racine plus profondément que
chez les sots et les êtres sans cœur.
Quand une enfant heureusement
douée, comme Marie, montre trop
d'opiniâtreté dans une circonstance,
on doit éviter de la contredire ouver-
tement, car la contradiction ne ferait
que l'irriter; mais il faut, par des
moyens indirects, l'amener tout dou-
cement à reconnaître son erreur, et
bientôt la justesse de son esprit et la
bonté de son cœur l'auront rappelée
à une saine appréciation des choses.
C'est pourquoi je pense, comme monsieur votre frère, que notre rôle,

pour aujourd'hui, doit se borner à veiller sur ses pas pour l'empêcher de faire fausse route, sans lui imposer d'autorité celle qu'elle doit suivre.

—J'aime à vous voir cette opinion sur ma fille; et vous finirez par me persuader, car il est bien facile de persuader une mère quand on veut lui prouver les qualités de son enfant. Eh bien, Mademoiselle, je vous abandonne entièrement la direction de cette affaire; je sais à quel point vous aimez Marie, je connais aussi son attachement pour vous; je ne saurais donc mieux faire que de m'en rapporter pleinement à ce que vous jugerez convenable dans cette circonstance, bien convaincue que vous saurez concilier les vues de mon frère avec les véritables intérêts de ma fille. »

IV

L'EMBARRAS DU CHOIX

Dès que Marie eut achevé sa toilette, elle monta en voiture avec sa gouvernante pour commencer ses courses. « Où allons-nous? lui dit en souriant Mlle Dornoy, car c'est vous aujourd'hui qui êtes la maîtresse.

— Rue Neuve-des-Petits-Champs, au coin du passage Vivienne, » prononça Marie avec l'assurance d'une

personne habituée à donner ses ordres. L'indication fut répétée au co-
cher, et la voiture prit rapidement
cette direction.

Pendant le trajet, qui fut encore
assez long, car Mme de Monclair de-
meurait rue Madame, auprès du
Luxembourg, Marie ne cessait de
témoigner sa joie et son impatience
d'arriver.

Le magasin était rempli d'une
foule considérable, comme c'est l'or-
dinaire aux approches du jour de
l'an ; elle se composait de petits garçons et de petites filles de tout âge,
accompagnés de leurs parents, de
leurs gouvernantes ou de leurs
bonnes. Marie eut beaucoup de
peine à pénétrer jusqu'auprès de la
montre où s'étalait la poupée tant

convoitée. Mais quel ne fut pas son chagrin quand elle la vit entre les mains d'une dame qui la montrait à deux petites filles de dix à douze ans, et qui paraissait toute disposée à l'acheter! « Oh! ma tante, disait la plus jeune des petites filles à la dame, quelle jolie poupée! quel dommage qu'il n'y en ait qu'une pour nous deux!

— Ma chère Juliette, répondit la plus âgée, je te la cède pour toi toute seule bien volontiers, si elle peut te faire plaisir; car pour moi, je n'aime pas du tout cette espèce de poupée; c'est trop enfantin, ce n'est plus de mode, et je préfère les poupées habillées en gutta-percha. Voilà qui est bien meilleur genre que ton gros bébé qui dit *papa* et *maman,* c'est bon tout au plus pour amuser des enfants de trois ans ou de petites provinciales.

— Allons, décidez-vous, Mesdemoiselles, reprit la dame... Voyons, Juliette, si cette poupée te convient, il ne faut pas faire attention à ce que dit ta cousine.

— Laure s'y connaît mieux que moi, répondit Juliette, et je prendrai une poupée pareille à la sienne. »

La dame rendit alors la poupée au marchand, en disant que sa fille et sa nièce désiraient deux poupées semblables.

« Mais j'en ai encore une comme celle-ci, reprit le marchand; ainsi rien ne m'empêche de satisfaire le goût de ces demoiselles.

— Non! dit Laure d'un air dédaigneux..., elle ne me convient pas... Maman, dit-elle tout bas à la dame, allons chez Giroux ou rue de Choiseul, nous aurons mieux de quoi choisir; il n'y a ici que des articles de pacotille. » Et elles sortirent toutes trois.

Marie n'avait pas perdu un mot de cette conversation, et, quoique le ton et les manières de ces dames eussent quelque chose d'assez commun, elle avait été frappée de la remarque de Laure. L'idée d'être ridicule en achetant un objet passé de mode ou qui ne convenait qu'à de tout petits enfants, refroidit singulièrement son enthousiasme. Elle laissa replacer la poupée dans la montre sans paraître y faire attention, et ses yeux se portèrent sur d'autres parties de l'étalage.

Mlle Dornoy, qui avait aussi entendu la conversation de Laure et de sa mère (car ces dames parlaient très-haut), s'aperçut facilement de l'impression qu'elle avait produite sur son élève. Elle n'eut pas l'air d'y faire attention ; seulement quand Marie, après avoir terminé son inspection, se disposa à sortir, sa gouvernante lui dit : « Je croyais que vous désiriez voir de près la poupée qui parle, et l'entendre prononcer son discours de deux mots : voulez-vous que je la demande au marchand ?

— C'est inutile, répondit Marie, j'ai trois jours pour faire mon choix ; il sera temps de la demander quand le moment sera venu de me décider. Allons au passage Choiseul, il y a là aussi un fort beau magasin. »

On remonta en voiture, et l'on se rendit au passage Choiseul. C'étaient à peu près les mêmes objets qu'au passage Vivienne, elle ne s'y arrêta que quelques instants. De là on alla chez Alphonse Giroux. Ici, à côté des jouets d'enfant de toute espèce, s'étalaient une foule d'objets d'art, sur lesquels Mlle Dornoy eut soin d'appeler l'attention de son élève : c'étaient des albums, des tableaux, des aquarelles, des statuettes et une foule de ces merveilles qu'il serait trop long d'énumérer, mais qui rivalisent de goût, d'élégance et de richesse.

Marie resta longtemps en contemplation devant ces objets, et parut bientôt avoir oublié la poupée et les autres jouets.

Là se terminèrent les courses du premier jour.

« Eh bien ! ma fille, lui dit Mme de Monclair à son retour, as-tu fait un choix définitif?

— Oh! non, maman ; je suis éblouie de tout ce que j'ai vu, et je ne me suis encore arrêtée à rien.

— Allons ! dit tout bas la maman à Mlle Dornoy, je vois que tout va bien jusqu'à présent, et je commence à espérer qu'elle ne fera pas de folie.

— Et moi, répondit la gouvernante, je fais plus que l'espérer; j'en ai presque la certitude. »

Le lendemain, quand vint l'heure de recommencer les courses, Marie dit à Mlle Dornoy : « Je serais curieuse de voir ces poupées en gutta-percha, dont parlait hier cette jeune fille à l'air si dédaigneux. Ce sont effectivement, à ce que j'ai ouï dire, les poupées à la mode. Allons au Calife de Bagdad, rue de Choiseul, nous y trouverons un assortiment complet. »

Mlle Dornoy s'empressa de condescendre à ce désir, et l'on courut à l'adresse indiquée. On fit voir à Marie ce qu'il y avait de plus beau en poupées, avec le détail d'un trousseau complet, le tout montant à trois cent quatre-vingt-cinq francs vingt-cinq centimes.

« Voyez donc, bonne amie, comme ma poupée sera élégamment habillée avec toutes ces belles choses : une robe de soie à quilles, un burnous, une casaque de velours; et cette robe à volants que j'oubliais, et ce chapeau de velours pour son hiver, et ces bracelets, ce collier, ces bas à jour ; voyez donc ce joli petit parapluie, et cette ombrelle, et ce riche mouchoir brodé avec une couronne de comtesse. »

Pendant plus d'une demi-heure, Marie passa ainsi en revue toutes les pièces composant le trousseau d'une poupée, essayant de faire partager son admiration à sa gouvernante.

Quand elle fut lasse d'examiner la toilette, elle passa à l'ameublement ; car vous pensez bien qu'une poupée si bien mise devait avoir un mobilier assorti à sa parure. Son lit seul coûtait deux cents francs ; la commode, le secrétaire, deux fauteuils et quatre chaises en coûtaient autant.

Marie réfléchit que tout cela dépasserait de beaucoup son budget, et encore, dans cet inventaire on n'avait compté ni un meuble de salon, ni une toilette de bal.

« Allons, dit-elle en se levant, si je me décide, il faudra me contenter d'avoir ma poupée avec le plus strict nécessaire pour son habillement; plus tard nous verrons à augmenter sa garde-robe et à la mettre dans ses meubles. »

Elle sortit du magasin en soupirant, et en jetant un regard de regret sur tous les jolis colifichets qu'elle venait d'examiner avec tant d'intérêt.

« Savez-vous, bonne amie, dit-elle quand elle fut remontée en voiture, que les cinq cents francs que m'a donnés mon oncle sont une bien modique somme? Vous voyez qu'il en faudrait au moins deux ou trois fois autant pour se procurer quelque chose de passable.

— Moi, je crois, répondit Mlle Dornoy, qu'on pourrait avoir quelque chose de très-bien pour beaucoup moins, ou pour ce prix-là tout au plus; il s'agit de le trouver, et puisque nous sommes en train de le chercher, cherchons.

— Cherchons, » fit Marie d'un air résigné.

La voiture suivit au pas le boulevard des Italiens et le boulevard Montmartre. Marie promenait à droite et à gauche ses regards sur les magnifiques étalages des magasins, sans les arrêter nulle part. Arrivée à la hauteur de la rue Vi-

vienne, elle demanda à descendre
cette rue, qu'elle parcourut égale-
ment d'un œil distrait jusqu'à la
place de la Bourse. « Si nous en-
trions chez Susse? » lui dit sa gouvernante, qui s'apercevait que l'ennui
commençait à la gagner.

« Je le veux bien ; mais il ne tient
pas les jouets d'enfants.

— Qu'est-ce que cela fait, si vous
trouvez du plaisir à voir ce que
renferme son magasin? ce sera toujours un moment d'agréable distraction. »

La distraction fut si agréable
pour Marie, qu'elle y passa plus
de deux heures, et que Mlle Dornoy
fut obligée de l'avertir plusieurs
fois qu'il était l'heure de rentrer,
et que Mme de Monclair serait in-

quiète si l'on tardait plus longtemps.

Quand elles furent en voiture,
Mlle Dornoy lui dit : « Eh bien ! vous
n'étiez qu'à demi disposée à entrer
chez Susse, il paraît que vous ne
vous y êtes point ennuyée.

— Oh ! non, bien certainement,
et demain je veux y revenir, et ne
revenir que là ; mais il nous faudra
choisir l'heure où il y a moins de
monde, car il y a une quantité de
choses que la foule m'a empêchée
de voir.

— Vous ne voulez donc plus visiter les magasins de jouets ?

— Oh ! non, j'en ai assez ; c'est
toujours la même chose ; il faut
mettre des prix fous pour avoir quelque joujou un peu passable ; et puis,
après tout, ce n'est toujours qu'une

poupée. Au lieu que j'ai vu là des objets bien autrement intéressants que des jouets. Avez-vous remarqué ce joli nécessaire, avec le dé d'or, les ciseaux d'or, et tous ses riches accesssoires ?

— Oui, mais c'est un nécessaire de travail ; c'est pour une grande demoiselle, d'au moins quatorze ans, et vous n'en avez encore que douze.

— Oui, mais dans deux ans j'en aurai quatorze ; et puis je vais faire bientôt ma première communion, et quand on a fait sa première communion, on n'est plus une enfant. D'ailleurs je ne vous dis pas que je veuille acheter ce nécessaire ; il y a d'autres choses qui me plairaient davantage. J'aimerais mieux un album et une de ces jolies boîtes à couleurs, pour m'amuser à dessiner des fleurs ou des paysages. J'aimerais bien aussi un de ces charmants tableaux qui se trouvent dans le cabinet du fond; mais ce que je préfèrerais à tout, c'est cette jolie petite statuette de la sainte Vierge qui est à côté de ce beau christ en ivoire. L'avez-vous remarquée?

— Parfaitement, mon enfant, et je vous fais compliment de votre goût, car c'est un véritable chef-d'œuvre que cette statuette.

— Je ne suis pas capable d'en juger le mérite comme objet d'art, mais je l'ai trouvée fort belle; puis c'est ma patronne, et j'aimerais bien avoir dans ma chambre un beau portrait de celle dont j'ai l'honneur de porter le nom.

— Vous avez parfaitement raison, et il serait difficile d'en trouver un plus beau de cette dimension-là, en ivoire et représentant la Vierge immaculée.

— Comment reconnaissez-vous qu'il représente la Vierge immaculée ?

— Parce qu'elle ne tient pas l'enfant Jésus dans ses bras ; elle a les deux mains étendues vers la terre, comme pour répandre sur les hommes les grâces dont elles sont pleines ; sa figure douce et bienveillante semble nous appeler à elle, et l'on croit entendre sortir de sa bouche ces paroles consolantes : « Venez à moi, je suis votre mère ; car mon fils, qui maintenant est assis à la droite de son Père, vous a nommés mes enfants, lorsqu'il m'a dit en me montrant son disciple bien-aimé : Femme, voilà votre fils ! Venez donc à moi, mes enfants, que je vous conduise auprès de votre aîné Jésus-Christ. »

— Ma bonne amie, j'ai bien envie d'acheter cette statue pour mes étrennes.

—Savez-vous combien elle coûte?

—Justement cinq cents francs ; et si je les avais eus aujourd'hui à ma disposition, j'aurais remporté la statue de ma bien-aimée patronne ; mon oncle a eu vraiment une singulière idée de m'imposer une pareille condition.

— Vous faisiez déjà la même observation hier quand il s'agissait d'acheter la fameuse poupée du passage Vivienne; sans la condition imposée par votre oncle, cette emplette serait faite, et vous ne pourriez plus songer à l'achat de votre sainte Vierge. Il est donc à propos que vous ayez encore une journée tout entière pour réfléchir, afin de ne pas vous exposer à un regret. »

Marie sentit la justesse de la réflexion de sa gouvernante, et elle garda le silence jusqu'à leur arrivée à l'hôtel.

Mlle Dornoy dit à Mme de Monclair, pendant que Marie était allée changer de toilette : « Hier, je vous disais que j'avais presque la certitude, aujourd'hui je n'ai plus de doute que l'épreuve subie par notre chère enfant n'obtienne un heureux résultat. »

V

UN CONSEIL DEMANDÉ A LA SAINTE VIERGE

Le lendemain matin, quand Marie se retrouva seule avec sa gouvernante, elle lui dit : « Nous n'irons plus aujourd'hui visiter de magasins ; j'ai la tête tellement remplie de tout ce que j'ai vu, que je n'ai fait qu'y rêver toute la nuit.

— Vous êtes donc bien fixée sur ce qui vous convient ?

— Mon Dieu ! ma bonne amie, votre question m'embarrasse ; mais je n'ai rien de caché pour vous, qui êtes si indulgente pour moi, et je vais vous faire ma confession tout entière, au risque de vous paraître bizarre, fantasque, capricieuse, que sais-je ?

— Vous m'effraieriez, ma chère enfant, répondit en souriant Mlle Dornoy, si je ne vous connaissais pas ; vous êtes toujours portée à un peu d'exagération ; dans tous les cas, c'est un heureux symptôme, quand on ne s'abuse pas sur ses défauts ; parlez donc avec confiance.

— Croiriez-vous qu'hier soir, quand vous m'avez dit que je pourrais encore changer de résolution au sujet de l'acquisition de cette belle sainte Vierge, j'étais presque fâchée contre vous, de voir que vous me supposiez aussi capricieuse? Eh bien, ce matin (est-ce un effet de mon rêve où j'ai vu cette jolie poupée de gutta-percha, qui venait me faire visite, revêtue de ses plus beaux atours, qui me saluait avec une grâce parfaite, me souriait d'un air ravissant, et ne cessait de me regarder avec ses yeux d'émail, qui brillaient comme des diamants?); ce matin donc, en m'éveillant, j'ai pensé à cette poupée; j'ai fait le calcul qu'en réduisant quelques parties de son trousseau et de ses meubles, on pourrait bien ne pas dépasser cinq cents francs. Croiriez-vous que cette idée n'a cessé de me trotter dans la tête, et qu'elle m'a presque fait ou-

blier ma belle sainte Vierge? N'est-
ce pas honteux pour moi qu'une
méchante poupée vienne balancer
dans mon esprit la pensée de la statue
de ma patronne!...J'en rougis quand
j'y réfléchis. Je veux chasser cette
idée comme une mauvaise pensée;
c'est pourquoi j'ai résolu aujourd'hui
de ne plus aller voir ces magasins
tentateurs; mais je n'en suis pas
moins poursuivie par l'image de cette
brillante fée de gutta-percha. Don-
nez-moi conseil, ma bonne amie, afin
que je ne fasse pas quelque sottise
dont je me repentirais plus tard.

— Je serais fort embarrassée, ma
chère enfant, de vous donner un conseil en cette circonstance. Madame
votre mère hésiterait elle-même à
cause de la lettre de monsieur votre

oncle; mais il est quelqu'un à qui vous pouvez vous adresser avec confiance, et qui saura bien vous inspirer ce que vous devez faire. Pour moi, j'ai eu souvent recours à cette personne, et je m'en suis toujours bien trouvée.

— Et quelle est donc cette si bonne conseillère ?

—C'est votre patronne elle-même, la sainte Vierge, ma chère enfant.

— Oh ! oui, oui, ma bonne amie, s'écria Marie avec enthousiasme ; comment n'y avais-je pas pensé ! c'est aussi mon habitude, et je n'ai toujours eu qu'à m'en louer. Si vous voulez, nous partirons tout de suite pour Saint-Sulpice, et nous irons faire notre prière dans la belle chapelle de cette église.

« — Je le veux bien, et pour ne pas nous retarder, comme il fait beau, nous irons toutes deux à pied, par le Luxembourg. Vous n'avez aucune toilette à faire ; demandez seulement à Mlle Justine votre burnous, votre chapeau et votre manchon. Pendant ce temps-là j'irai prévenir madame votre mère. »

Mme de Monclair apprit avec bonheur la résolution de sa fille. « Allez, dit-elle à Mlle Dornoy, priez avec elle et pour elle ; de mon côté, j'unirai mes prières aux vôtres. »

Un instant après, la gouvernante et son élève entraient dans le jardin du Luxembourg par une porte de communication avec le jardin de l'hôtel. Elles gagnèrent d'un pas rapide la grille du côté de la rue de

Vaugirard, en face de la rue Férou, descendirent cette rue, et se **trouvè-**rent bientôt dans l'église Saint-Sulpice. Elles arrivèrent à la chapelle de la Sainte-Vierge au moment où un prêtre montait à l'autel pour dire la messe. Elles s'agenouillèrent aussitôt, et prièrent avec ferveur pendant toute la durée du saint sacrifice.

Il y avait, comme d'habitude, une grande affluence de fidèles. Mlle Dornoy et Marie s'étaient placées sur des chaises dans l'intérieur de la chapelle; devant elles se trouvait une femme en deuil accompagnée d'une petite fille à peu près de la taille et de l'âge de Marie; elle était aussi vêtue de noir comme la femme, qui probablement était sa mère. Toutes deux étaient agenouillées

par terre, sans doute pour ne pas
payer de chaise : économie qu'ex-
pliquait et justifiait la simplicité de
leur mise. La femme portait une
robe de mérinos qui paraissait avoir
déjà fait un long usage, un châle de
flanelle grise, et un bonnet noir fort
simple. La robe de la petite fille était
d'indienne reteinte ; un petit fichu
noir couvrait son cou et ses épaules,
et elle était coiffée d'un bonnet blanc
fort simple, mais fort propre.

L'une et l'autre restèrent immo-
biles pendant tout le temps de la
messe, et comme absorbées dans la
prière. Cependant, en prêtant une
oreille attentive, on eût pu entendre
des soupirs et même des sanglots
s'échapper de la poitrine de toutes
deux.

Au moment où le prêtre, descendant de l'autel, quittait la chapelle pour regagner la sacristie, la femme dont nous venons de parler s'affaissa en quelque sorte sur elle-même, et tomba sans connaissance devant la la chaise de Marie de Monclair. Son enfant se précipita aussitôt sur elle, pour soutenir sa tête, en poussant un cri étouffé, et prononçant ces deux mots : Maman! maman !

Mlle Dornoy s'était empressée de relever la pauvre femme, et de la faire asseoir sur une chaise basse, tandis que Marie, émue jusqu'aux larmes, essayait de calmer la petite fille.

En un instant plusieurs personnes se furent réunies autour de la malade, et aidèrent Mlle Dornoy à la transporter à la sacristie. L'enfant suivait sa mère en sanglotant, et en cherchant, à cause de la sainteté du lieu, à comprimer l'élan de sa douleur.

Un médecin qui se trouvait en ce moment à l'église, averti de ce qui se passait, offrit ses soins et fit respirer des sels à la malade, qui reprit un peu ses sens, mais qui était encore trop faible pour pouvoir parler.

« Je pense, dit à demi-voix le docteur à un des ecclésiastiques témoins de cette scène, que c'est le besoin qui a réduit cette femme en cet état. Interrogez son enfant, peut-être découvrirez-vous la vérité.

— Où demeure ta mère, mon enfant? demanda le prêtre à la petite fille.

— Monsieur, répondit-elle en s'efforçant de retenir ses sanglots, nous demeurons rue des Canettes.

— Vous êtes de la paroisse. Est-ce que ta mère est malade habituellement.

— Depuis la mort de papa, maman est toujours souffrante ; et puis elle a tant pleuré, tant pleuré, que cela lui a fatigué la vue, et qu'elle ne peut presque plus travailler. Je l'aidais de mon mieux, et cela allait encore un peu cet été, pendant les grands jours ; mais, depuis l'hiver, l'ouvrage a cessé. Maman a été obligée de vendre presque tous ses effets pour nous nourrir, moi et mes deux petits frères ; car elle, elle ne mange rien, ou presque rien. Par surcroît, nous sommes en retard de trois termes de loyer, et ce matin le concierge est venu apporter à maman un papier timbré, en lui disant : «Tenez, voilà vos étrennes !» D'après ce papier, maman est obligée de quitter sa maison au 1er janvier; depuis plus de six semaines, elle cherche partout un autre logement, et elle n'en peut pas trouver, parce que nous n'avons pas assez de meubles pour répondre du loyer, et que le peu même qui nous reste, le propriétaire veut le garder, pour se payer de ce que nous lui devons. Ainsi, au premier jour de l'an, nous allons nous trouver, pour nos étrennes, comme dit le portier, sans asile, sans pain, sans ressources... O ma pauvre mère! fit-elle en donnant un libre cours à ses larmes, qu'allons-nous devenir?»

Tous les assistants étaient atten-
dris en entendant parler cette jeune
fille ; Marie de Monclair pleurait à
chaudes larmes, et en serrant le bras
de sa gouvernante elle lui disait tout
bas : « Oh ! la pauvre enfant, que
je la plains ! que je serais heureuse
de pouvoir soulager sa douleur !

Le même ecclésiastique qui avait
déjà interrogé la jeune fille, lui demanda :

« Vous avez dit que vous aviez
encore deux petits frères : où sont-
ils ?

— Ils sont à l'école, chez les
frères. Maman, après leur avoir
donné à chacun un morceau de
pain, m'en a fait manger un aussi ;
pour elle, elle n'en a point voulu,
en disant qu'elle n'avait pas faim.

Quand mes frères ont été partis, elle
m'a dit comme cela : « Ma petite
Marie, je ne sais plus où donner de
la tête ; nous n'avons plus de res-
source que dans le bon Dieu : allons
le prier, et peut-être, par l'interces-
sion la sainte Vierge ta patronne,
en obtiendrons-nous quelque soulagement à nos peines. » Et nous
sommes venues à Saint-Sulpice. J'ai
prié la sainte Vierge de tout mon
cœur ; mais peut-être ne l'ai-je pas
fait avec assez de ferveur, puisqu'elle ne m'a pas écoutée, et que
maman est plus malade que quand
nous sommes entrées à l'église. »

L'accent vrai, pénétré, avec lequel
la pauvre enfant prononça ces dernières paroles, acheva d'émouvoir
tous les cœurs. Marie de Monclair

donna sa bourse à sa gouvernante,
en lui disant bien bas à l'oreille :
« Oh ! je vous en prie, ma bonne
amie, donnez cet argent à la pauvre
famille ; je n'ose l'offrir moi-même.

— C'est bien, répondit tout bas
Mlle Dornoy, je vais remplir vos intentions ; » et, s'approchant de l'ecclésiastique, elle lui remit l'offrande
de son élève en y joignant tout l'argent qu'elle avait sur elle. « Monsieur l'abbé, lui dit-elle bien bas,
voilà pour satisfaire aux besoins les
plus pressants de ces pauvres gens.
Si, comme je le pense, ils méritent
tout l'intérêt qu'ils semblent inspirer, je connais des personnes charitables qui s'empresseront de les secourir d'une manière plus efficace. »

Pendant ce temps-là, la malade

avait repris tout à fait connaissance.
Quelques gouttes de vin vieux avec
un biscuit lui avaient rendu ses
forces. Dès qu'elle put parler, elle
demanda sa fille, qui était de l'autre
côté de la sacristie, au milieu d'un
groupe de personnes qui l'écou-
taient; l'enfant courut aussitôt se
jeter dans ses bras en pleurant.

« Ma fille, prononça-t-elle d'une
voix bien faible encore, je me sens
mieux, il faut nous en aller. » Et
elle s'apprêtait à se lever, quand
l'ecclésiastique lui dit : « Attendez
encore un instant, ma brave femme,
vous n'êtes pas assez forte pour vous
en aller seule avec cette enfant. J'ai
envoyé chercher une personne qui
ira vous reconduire jusque chez
vous. »

Puis, prenant à part la petite, il ajouta : « Mon enfant, ma petite Marie, car c'est, je crois, votre nom, vous voyez que la sainte Vierge vous a écoutée, car votre mère est maintenant beaucoup mieux ; continuez à prier la bonne Vierge avec ferveur, et soyez persuadée qu'elle ne vous abandonnera pas. »

Marie de Monclair se trouvait en ce moment tout près de la petite fille ; elle entendit les paroles de l'abbé, et, surmontant sa timidité, elle prit la main de l'enfant, qu'elle serra avec effusion, en lui disant à l'oreille : « Oui, ma bonne petite Marie, ayez confiance en notre commune patronne ; car moi aussi je m'appelle Marie, et je sais combien elle aime ses enfants. »

La pauvre petite fut d'abord tout interdite de se voir l'objet de l'attention d'une si belle demoiselle ; son visage pâle se colora un instant d'une légère rougeur. Mais, en remarquant l'expression de bienveillance qui régnait dans les traits de la jeune personne, et en reconnaissant que cette demoiselle si richement parée n'était qu'une enfant de son âge, elle se rassura promptement ; elle se permit même de répondre légèrement à son étreinte, en soupirant bien bas : « Merci, Mademoiselle. » Mais le regard de profonde reconnaissance qui accompagna ces paroles était plus éloquent qu'un long discours.

La personne de confiance que M. l'abbé avait fait prévenir étant arrivée, la malade lui donna le bras, et prit avec elle et sa fille le chemin de son domicile.

Au moment où elles sortaient de la sacristie, M. l'abbé dit à Mlle Dornoy : « Si vous vous intéressez à cette famille, venez tantôt ou demain matin, je vous en donnerai des nouvelles. »

VI

LES ÉTRENNES

On pense bien que la scène de Saint-Sulpice fut racontée dans tous ses détails à Mme de Monclair. Elle y prit un vif intérêt, et remercia sincèrement Mlle Dornoy d'avoir pensé à elle quand elle avait dit à l'abbé qu'elle connaissait des personnes charitables qui se feraient un devoir de participer à cette bonne œuvre. Elle félicita sa fille de l'élan spontané qui lui avait fait donner toutes ses petites épargnes.

« Oh! je n'ai qu'un regret, dit Marie, c'est que la somme n'ait pas été plus considérable; si, dans le moment, j'avais eu les cinq cents francs de mon oncle, je les aurais donnés de grand cœur.

— Et cela m'aurait bien contrariée, répliqua Mme de Monclair; parce que c'eût été disposer avec trop peu de réflexion d'une somme assez forte, que ton oncle t'a envoyée pour un autre emploi; puis tu en aurais eu peut-être du regret en voyant que, par ta précipitation, tu t'étais privée des belles étrennes que tu t'étais promises.

— Oh! je vous assure, ma petite mère, que je n'en aurais pas le moindre regret, et si vous vouliez encore me le permettre, j'irais à l'instant même lui porter tout l'argent de mon oncle.

— Non, bien certainement je ne le permettrai pas : d'abord parceque c'est seulement demain que tu en auras la libre disposition, d'après les conditions imposées par mon frère, et que je n'aurais pas même le droit de t'accorder cette permission aujourd'hui ; ensuite, dans l'exercice de certaines œuvres de charité, dans la distribution des aumônes surtout, il y a des mesures à observer, des règles de prudence, qu'il faut suivre, sous peine de rendre son aumône peu profitable, ou de manquer d'équité envers les autres pauvres. Ainsi, si tu donnais tout ton argent à un seul indigent, tu ne pourrais plus soulager d'autres misères, peut-être tout aussi dignes de compassion que celle que tu aurais voulu secourir exclusivement. Quand Mlle Dornoy aura recueilli les renseignements nécessaires sur cette famille de la rue des Canettes, si ces renseignements sont favorables, je m'empresserai de faire pour cette veuve et ses enfants tout ce qui me sera possible, sans priver mes autres pauvres des secours que j'ai l'habitude de leur donner. De même, quànd tu auras demain la libre disposition de ton argent, tu pourras en prélever une partie pour l'employer en œuvres de bienfaisance, et t'acheter encore de jolies étrennes avec le reste. »

Marie écouta sa mère en silence, et sans faire la moindre objection.

Elle attendit avec impatience que sa gouvernante eût rapporté les renseignements promis par M. l'abbé.

Ces renseignements furent on ne peut plus favorables. La veuve Belprat (c'était le nom de cette pauvre femme) était d'autant plus à plaindre qu'elle avait connu autrefois l'aisance, et qu'elle était tombée dans la misère par suite d'événements que la prudence humaine ne pouvait prévoir. Son mari était associé d'une des premières maisons de lingerie et de nouveautés de Paris, quand la révolution de 1848 entraîna la faillite de cette maison, et la ruine de M. Belprat, qui y avait placé tout son avoir. Il fut obligé, pour vivre et faire vivre sa famille, de se placer comme teneur de livres;

mais bientôt le chagrin et l'excès de travail altérèrent sa santé, et il mourut laissant sa femme et ses enfants sans ressources. La douleur aurait entraîné sa veuve au tombeau, si l'amour de ses enfants ne l'avait soutenue. Elle espérait par son travail et celui de sa fille aînée subvenir aux besoins de sa petite famille : mais qu'est-ce que le produit du travail d'aiguille, quelque habile ouvrière qu'on soit, pour parer aux dépenses de logement, de nourriture, d'entretien, etc., de quatre personnes? et quand les infirmités et le chômage viennent encore suspendre ce faible travail, on conçoit que la misère arrive à son comble.

C'était là l'histoire de Mme Belprat, dont sa petite fille avait révélé une partie dans la sacristie de Saint-Sulpice ; car jamais la mère ne s'était plainte à personne, non par orgueil, mais par un effet de cette répugnance invincible et de cette pudeur que ne peuvent surmonter certaines natures délicates que le malheur a frappées. En un mot, c'était la pauvreté honteuse, qui se cache avec soin, et qui doit être souvent l'objet des recherches actives de la charité vraiment chrétienne.

Mme de Monclair, après avoir entendu le récit de Mlle Dornoy, lui remit cent francs, en la priant de les porter immédiatement à la veuve Belprat. Marie demanda et obtint sans difficulté la permission d'accompagner sa gouvernante ; car sa mère n'était pas fâchée qu'elle eût devant les yeux un de ces tristes tableaux de la misère, dont souvent les riches ne soupçonnent pas l'existence.

Marie, en effet, fut navrée à l'aspect de cette chambre délaqrée, à laquelle on ne parvenait qu'après avoir gravi cinq étages. Un lit sans rideaux où couchaient la mère et la fille, une couchette pour les deux petits garçons, une commode en bois blanc, un ancien secrétaire en bois de rose, seul débris d'une opulence passée, six chaises dépareillées, et quelques menus ustensiles de ménage de peu de valeur, une table boiteuse, un métier à tapisserie, et un petit miroir composaient à peu près tout le mobilier de ce pauvre ménage. Le foyer, où brûlaient en ce moment deux ou trois mottes, destinées plutôt à faire cuire quelques pommes de terre qu'à réchauffer l'appartement, annonçait, par l'absence des cendres et par son aspect glacial, qu'on y allumait rarement du feu.

Marie éprouva un frisson en entrant dans cette chambre, si différente des somptueux appartements qu'elle habitait. Cependant elle fut frappée de l'air de propreté qui régnait au milieu de tant de misère. La propreté est le seul luxe que le pauvre puisse se permettre, et qui prévienne en sa faveur.

Mᵐᵉ Belprat était seule quand Marie et sa gouvernante entrèrent. Elle ne les reconnaissait pas, car elle n'avait remarqué personne pendant la scène de la sacristie. Aux premiers mots de Mlle Dornoy, elle s'écria : « Ah! voilà cette jeune demoiselle dont Marie ne cesse de me parler depuis ce matin, et qu'elle appelle son ange consolateur !

— Madame, reprit Mlle Dornoy en voyant son élève rougir, Mlle Marie de Monclair et Mme la comtesse de Monclair, sa mère, ayant appris votre position difficile, veulent, en effet, chercher à vous apporter des consolations ; mais elles n'accepteraient pas le nom d'anges que leur donne la reconnaissance de votre fille. »

Au moment où Mme Delprat allait répondre, entrèrent Marie et ses frères, qu'elle était allée chercher à l'école. A la vue de Mlle de Monclair, elle s'arrêta comme saisie d'étonnement et de respect ; puis, s'enhar-

3*

dissant, elle fit deux pas en disant :
« Quoi ! vous ici, Mademoiselle ?

— Oui, moi-même, reprit gaiement Mlle de Monclair ; et qu'y a-t-il d'étonnant ? ne sommes-nous pas toutes deux, comme je vous l'ai dit ce matin, des filles de la sainte Vierge, par conséquent deux sœurs, et comme telles...embrassons-nous. » Et avec un mouvement gracieux autant que rapide, elle baisa les joues pourpres de la jeune fille. Bientôt celle-ci s'enhardit jusqu'à lui rendre ses caresses, et elles se mirent à causer tout bas comme d'anciennes connaissances.

Pendant ce temps-là, Mlle Dornoy avait, de son côté, un entretien confidentiel avec Mme Belprat. En lui remettant la somme donnée par

Mᵐᵉ de Monclair, elle lui dit que c'était pour désintéresser son propriétaire, à qui elle devait quatre-vingt-dix francs pour ses trois termes échus. « Maintenant, ajouta-t-elle, Madame m'a chargée de retenir pour vous un petit logement rue de Fleurus, où vous pouvez vous installer dès demain si vous voulez. »

Nous n'essaierons pas de peindre la reconnaissance de Mᵐᵉ Belprat; elle éclatait plus en sanglots qu'en paroles.

Mˡˡᵉ Dornoy se hâta de se dérober aux démonstrations de reconnaissance que leur adressaient la mère et les enfants, et elle sortit avec son élève.

Quand elles furent sur la place Saint-Sulpice, Marie dit à sa gou-

vernante : « J'aurais grande envie
de faire encore une prière à la sainte
Vierge : voulez - vous m'accompagner ?

— Bien volontiers. Est - ce encore
pour la consulter sur le choix de vos
étrennes ? Êtes - vous toujours indé-
cise ?

— Je vous le dirai demain. »

Mlle Dornoy n'insista pas, et elles
allèrent prier à la chapelle de la
Vierge.

En rentrant à l'hôtel, Mlle Dornoy
rendit compte à Mme de Monclair de
leur visite dans la rue des Canettes.
Marie n'eut pas l'air d'y faire attention, et le reste de la soirée elle ne
fit aucune allusion à ce qui s'était
passé dans la journée. Seulement,
au moment d'aller se coucher, elle

dit à sa gouvernante : « Demain est définitivement le jour où je fais mes emplettes ; j'espère que cette fois nous ne ferons pas de courses inutiles comme ces jours derniers. »

Le lendemain matin, Marie s'éveilla de meilleure heure que de coutume, et courut dans la chambre de sa gouvernante, qui était voisine de la sienne.

« Enfin, dit-elle, c'est aujourd'hui que je suis maîtresse de disposer de l'argent que mon oncle m'a envoyé pour mes étrennes. Mon choix est fait, et il est irrévocable, à moins que cela ne contrarie maman ; mais cela me ferait une peine, voyez-vous, une peine au-dessus de tout ce qu'on peut dire.

— Et peut-on savoir quel est ce

choix pour lequel vous craignez la désapprobation de madame votre mère?

— Certainement; il faut bien que je vous le dise, car j'ai besoin de vous pour que vous m'aidiez à faire mes emplettes. Voici de quoi il s'agit. Et d'abord je dois vous remercier de l'heureuse idée que vous m'avez donnée hier matin d'aller, au milieu de l'incertitude que j'éprouvais, demander à la sainte Vierge de m'inspirer une bonne résolution. Mais n'est-ce pas aussi, dites-le-moi, quelque chose de merveilleux, qu'à la même heure, dans la même église, dans la même chapelle, une pauvre femme ait eu l'idée de venir implorer l'assistance de cette Mère de miséricorde au milieu des angoisses qui la tourmentaient? Ne semble-t-il pas que ma sainte patronne m'ait dit : « Tu me demandes la manière d'employer ton argent? Eh bien, tu ne saurais en faire un meilleur usage que de venir en aide à cette pauvre famille, que de vêtir ces enfants presque nus, dans une saison rigoureuse, et de protéger à l'avenir cette jeune fille de ton âge, qui porte mon nom comme toi, et qui est au moins aussi digne que toi de le porter. »

« Depuis ce moment, cette idée ne m'est pas sortie de la tête. Hier soir, j'ai voulu retourner prier la sainte Vierge... Elle n'a fait que me confirmer dans ma résolution. Cette nuit, je n'ai pas rêvé poupée, je vous assure; mais j'ai rêvé que je voyais tous ces enfants et leur mère vêtus d'habillements bien chauds, et agenouillés devant la sainte Vierge pour la remercier d'avoir exaucé leurs prières.

« Ainsi ma résolution est d'acheter des pantalons et des vestes de drap pour les petits garçons, une robe neuve pour leur mère et une pour Marie; si tout cela dépassait cinq cents francs, je n'achèterais rien pour Marie, et je lui donnerais, dans ma garde-robe, avec la permission de maman, de quoi l'habiller complétement; car elle est de ma taille, et je suis convaincue que tous mes effets lui iraient parfaitement. »

Quand elle eut fini de parler, Mlle Dornoy attira son élève dans ses bras, et lui dit en l'embrassant tendrement : « O ma chère enfant, si vous saviez combien vous me rendez heureuse ! Mais d'où pouvez-vous soupçonner que madame votre mère n'approuve pas votre résolution ?

— Mais ne vous rappelez-vous pas qu'elle m'a dit hier de n'employer qu'une partie de mon argent en œuvres de bienfaisance...

— Et de vous acheter de jolies étrennes avec le reste, interrompit Mlle Dornoy; mais c'est que votre maman supposait que vous teniez toujours beaucoup à ces jouets qui vous faisaient tant d'envie, et elle se serait bien gardée de vous donner le conseil de ne pas en acheter, de peur que plus tard vous n'eussiez eu des regrets.

— Des regrets! le seul regret que j'éprouve, c'est d'avoir un instant arrêté ma pensée à acheter pour quatre à cinq cents francs de chiffons pour une poupée, tandis qu'il y avait là près de moi des enfants qui grelottaient de froid, parce qu'ils manquaient de vêtements. Je regrette aussi, mais c'est un autre genre de regret, car il ne me fait pas rougir comme l'autre, de ne pouvoir me procurer à présent la belle statuette de la Vierge que j'ai vue chez Susse; mais je crois mieux honorer ma patronne en obéissant à ses inspirations qu'en achetant à grands frais son image.

— Vous avez raison, et ajoutez qu'en agissant comme vous le faites, vous l'imitez, c'est-à-dire que vous

placez son image dans votre cœur,
ce qui vaut encore mieux que d'en
orner votre chambre. »

Il est inutile de dire avec quel
empressement Mme de Monclair ap-
plaudit à la résolution de sa fille.

Aussitôt après le déjeuner, on
monta en voiture, et l'on courut
dans les magasins de confection et
chez d'autres marchands, acheter
de quoi habiller toute la famille
Belprat. Ce qui étonna beaucoup
Marie, c'est que les vêtements des
trois enfants et de leur mère lui
coûtèrent beaucoup moins que le
seul trousseau de la fameuse poupée
de gutta-percha, et que pour at-
teindre le chiffre de cinq cents francs,
qu'elle voulait dépenser, il fallut
ajouter aux vêtements des couver-

tures, un peu de linge, des bas et des souliers, auxquels elle n'avait pas pensé d'abord.

Je doute que la joie de la famille Belprat, en recevant ces utiles étrennes, fût plus vive que celle de Marie de Monclair. Elle ne cessait de répéter :

« Jamais étrennes ne m'ont fait autant de plaisir que celles de cette année. »

FIN